cuadernos de arte

AUTORRE-TRATOS

patricia geis

COMBEL

Mucho antes de
que existieran los móviles,
los artistas ya se representaban
a sí mismos. El primer autorretrato
que conocemos es egipcio, del año 1300 a. C.,
aunque entonces era algo realmente inusual
porque, durante siglos, solo se retrataba a quienes
eran muy poderosos. Además, ¡no existían espejos
para ver su reflejo!
Los artistas suelen realizar su autorretrato
mirándose en un espejo, aunque otras veces se
retratan según como «se piensan» a sí mismos,
como se recuerdan o como se sienten.
Y cada uno lo hace con su propio estilo.

¡atrévete a pintar el tuyo!

Retrato de Giovanni Arnolfini y su esposa, Jan van Eyck, 1434
Óleo sobre madera, 82,2 x 60 cm
National Gallery, Londres

VAN EYCK

A mediados del siglo XV, se empezaron a vender espejos a un precio que estaba al alcance de todo el mundo. Hasta ese momento, no había espejos en las casas y la gente no estaba acostumbrada a ver su reflejo, ¿te imaginas? A partir de entonces, los artistas comenzaron a interesarse más por sí mismos en sus creaciones y a querer participar en ellas no solo como espectadores, sino también como protagonistas. Así fue como empezaron a asomar la cabeza en sus obras. Este podría ser el primer autorretrato de un artista dentro de su cuadro. Pero, ¿dónde está? ¿Dónde podemos verlo reflejado?

Retrátate como si fueses el autor de esta obra. ¿Cómo te verías?

Autorretrato, Albrecht Dürer, 1498
Óleo sobre tabla, 52 x 41 cm
Museo del Prado, Madrid

DÜRER

Dürer ya se representó directamente como protagonista de sus cuadros. Quería reivindicar que un pintor no es un simple artesano sometido a los caprichos del cliente, sino un creador. Aquí se pintó como quería que lo vieran los demás: un artista y un caballero de la corte, elegante y altivo.

Y tú, ¿cómo quieres que te vean? Autorretrátate bien elegante y mirando con distinción, ¡que eres un artista!

Autorretrato con bonete y con la boca abierta, Rembrandt van Rijn, 1630
Aguafuerte y buril, 5 x 4,5 cm
Rijksmuseum, Ámsterdam

REMBRANDT

Cuando estamos alegres, sorprendidos, tristes o asustados, seguimos siendo nosotros mismos. Rembrandt capturó su imagen en un determinado momento, poniendo una expresión de extrañeza o asombro, mediante un dibujo rápido como el disparo de una fotografía.

Represéntate haciendo una mueca. ¡Hazlo rápidamente, antes de que la expresión desaparezca!

El artista en su estudio, James McNeill Whistler, 1865-1866
Óleo sobre madera, 62,9 x 46,4 cm
Art Institute, Chicago

WHISTLER

En este cuadro, Whistler capta un instante de su día a día. Está pintando en su estudio, acompañado por sus musas; una de ellas está vestida con un kimono y lleva en la mano un abanico japonés. Está rodeado de sus cosas, sus muebles, su colección de porcelana china... Nos mira a los ojos como si, de pronto, hubiésemos aparecido en la escena interrumpiendo su trabajo. Representando su entorno, también se define a sí mismo.

Dibújate a ti y lo que te rodea. ¿Dónde estás? ¿Con quién estás?
¿Qué objetos servirían para definirte? ¿Qué dice lo que te rodea sobre ti?

Autorretrato con sombrero de paja, Vincent van Gogh, 1887-1888
Óleo sobre lienzo, 40,6 x 31,8 cm
The Metropolitan Museum of Art, Nueva York. Legado de *miss* Adelaide Milton de Groot

VAN GOGH

Es habitual que los artistas utilicen los autorretratos para probar y perfeccionar sus técnicas, ya que el modelo ¡siempre está disponible! Vincent van Gogh lo hizo en este retrato, pintándose únicamente con rayas de colores.

Fíjate bien en cómo Van Gogh se sirve de los trazos de colores para dar forma a su rostro. Pinta tu autorretrato con el mismo estilo utilizando solo los colores amarillo, verde, rojo, azul fuerte, azul claro y blanco.

Autorretrato en dos dimensiones, Kazimir Malévich, 1915
Óleo sobre lienzo, 80 x 62 cm
Stedelijk Museum, Ámsterdam

MALÉVICH

Malévich creía que los artistas tienen que entender lo que ven, pensar sobre ello y, finalmente, representarlo en el lienzo con unas formas y un lenguaje totalmente nuevos: «Veo mi nariz en el espejo, pienso sobre ella... ¡y pinto un cuadrado amarillo!».

Mírate en un espejo, medita sobre lo que ves y ¡autorretrátate con formas geométricas!
Piensa sobre ti mismo utilizando las figuras de las páginas 41 y 42.

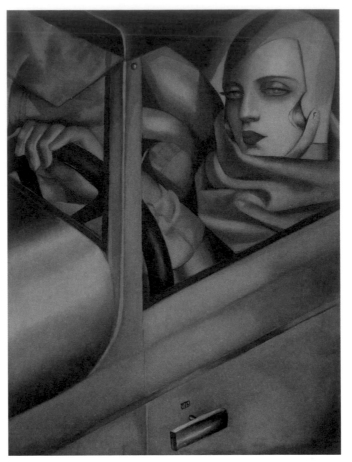

Autorretrato en el Bugatti verde, Tamara de Lempicka, 1929
Óleo sobre madera, 35 x 27 cm
Colección privada

DE LEMPICKA

Los autorretratos son una forma de expresión gráfica que permite al pintor exponer sus ideas. En este autorretrato, de hace unos noventa años, la artista aparece como una mujer segura, moderna e independiente en una época en la que, con frecuencia, las mujeres estaban apartadas de las decisiones importantes.

¡Pinta tu autorretrato a bordo de un Bugatti verde! Pon cara de seguridad, un poco desafiante y hasta con un poquito de chulería... ¡Aquí estoy yo, al volante!

Autorretrato, Piet Mondrian, 1942
Pluma, tinta, carbón y *gouache* sobre papel, 62,2 x 45,7 cm
Dallas Museum of Art, Foundation for the Arts Collection, donación de la James H. and Lillian Clark Foundation, Dallas

MONDRIAN

Mondrian consideraba que no se tenían que representar ni las texturas, ni las superficies, ni los colores, ni las sombras, ¡ni siquiera las curvas! Había que simplificar, eliminando todo lo innecesario. Según él, para dibujar lo básico y más importante de las cosas, lo único que hacía falta eran las líneas rectas, verticales y horizontales.

Haz tu autorretrato al modo de Mondrian, simplificando tus rasgos hasta que solo quede lo esencial.

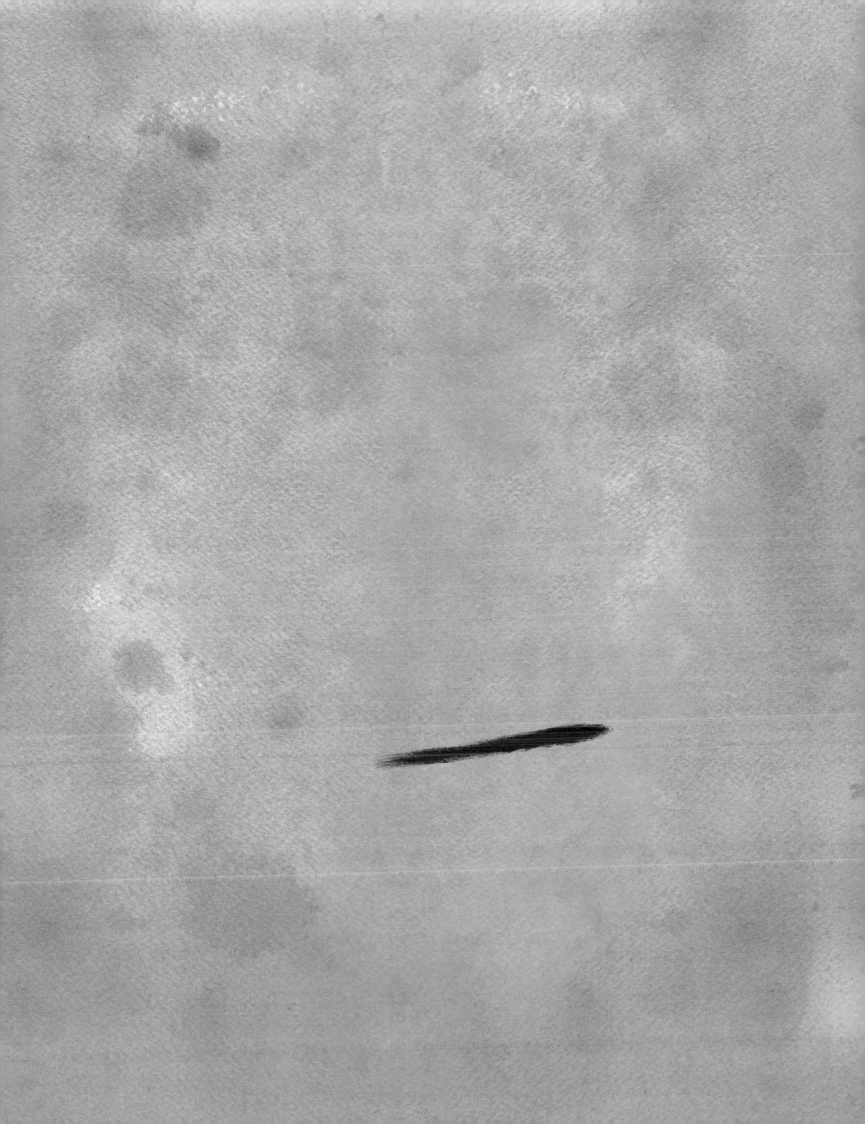

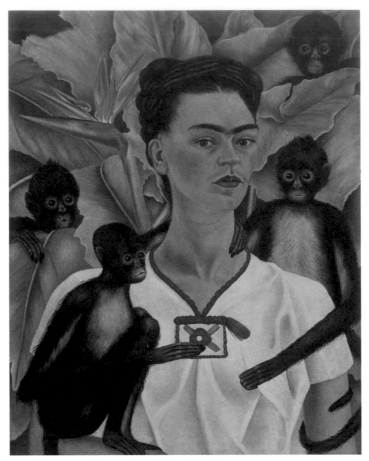

Autorretrato con monos, Frida Kahlo, 1943
Óleo sobre lienzo, 81,5 x 63 cm
Colección Jacques y Natasha Gelman

FRIDA KAHLO

La gente y los animales a los que queremos también forman parte de nuestra vida. En este cuadro, Frida Kahlo se rodea de cuatro monos que representan a los cuatro estudiantes de los que, por aquel entonces, era profesora y que se llamaban a sí mismos «Los Fridos». Frida adoraba a los animales y en su casa tenía muchos animales exóticos. Al representar a sus alumnos como sus queridos monitos, demostraba el cariño que les tenía.

¿Cómo representarías a tus seres queridos en tu autorretrato?

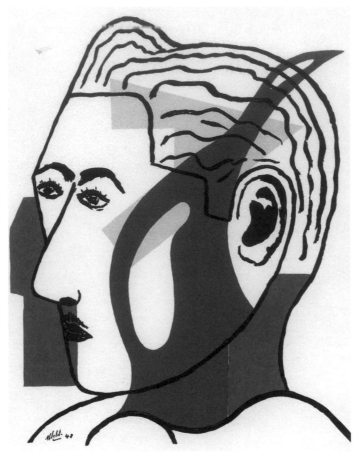

Autorretrato, Melito (Maurice Miot), 1948
Litografía, 64 x 50 cm
Colección privada

MELITO

Al mirarnos en un espejo, vemos cómo somos por fuera. Pero, ¿y por dentro? Melito quería plasmar la parte de nosotros que no se ve, ¡lo que nos ronda por la cabeza!

¿Cómo representarías tus ideas y pensamientos? ¿Con colores? ¿Con palabras? ¿Con dibujos? Perfila tu retrato en negro y coloréalo con lo que pasa por tu mente.

Autorretrato, Pablo Picasso, 1955
Tinta sobre cartón, 39,7 x 31,8 cm
Colección privada

PICASSO

Picasso pensaba que, tanto si estuviese de cara, de perfil o de espaldas, mirando hacia un lado o hacia otro, o si tuviera la boca abierta o cerrada, seguiría siendo Pablo Picasso. Por eso quiso representar todas las situaciones a la vez, en un mismo cuadro.

Fíjate en este autorretrato: la cabeza está ladeada hacia su derecha, la nariz apunta hacia la izquierda, un ojo mira de frente y el otro está de perfil... ¡Haz tu propio retrato cubista, mezclando ángulos y posiciones!

Autorretrato de perfil, Marcel Duchamp, 1958
Papel de color sobre fondo negro, 14,3 x 12,5 cm
Colección privada

DUCHAMP

Nuestra sombra es nuestro retrato más simple y más exacto, y el que nos acompaña a todas partes. Duchamp creó una plantilla de su perfil, recortó 137 siluetas de colores, las encoló sobre una base negra y las numeró. El texto de la base, «Marcel dechiravit» significa «Marcel rasgó esto rápidamente».

Sitúate de perfil entre una lámpara y una pared. Luego, pide a un ayudante que dibuje tu sombra en la lámina de la página 43. Recórtala con la mano, muy poquito a poco (Marcel lo hacía rápidamente porque tenía mucha práctica...), separa lo que sería tu cara y pega la parte sobrante del papel en la página de la derecha.

El hijo del hombre, René Magritte, 1964
Óleo sobre lienzo, 116 x 89 cm
Colección privada

MAGRITTE

René Magritte pensaba que las apariencias engañan. A veces, la gente se quiere mostrar a los demás de una manera cuando, en realidad, es de otra. En este autorretrato, Magritte esconde su cara tras una manzana.

Si, en este cuadro, la manzana sirve para esconderse... ¿dónde te dibujarías? ¿Te colocarías, como hace Magritte, detrás de la manzana? ¿Te pondrías al lado? ¿Delante?
Haz tu autorretrato con la manzana ¡y colócate donde tú prefieras!

Aùtorretrato II, Jean Dubuffet, 1966
Rotulador sobre papel, 25 x 16,5 cm
Colección Fondation Dubuffet, París

DUBUFFET

Jean Dubuffet creía que el arte se encuentra donde uno menos se lo espera. No hace falta estudiar ni aplicar todas las normas que se enseñan en las academias. Según este artista, el arte puro es aquel que surge espontáneamente.

Dibuja tu retrato mientras piensas en otra cosa, libremente, sin reflexionar, haciendo garabatos, como los que te salen cuando estás despistado. Empieza dibujando tu cara en el punto 1 y acaba en el punto 2, sin levantar el rotulador del papel. Después, coloréalo como quieras. ¡Sin pensar!

.1   .2

Autorretrato, Roy Lichtenstein, 1976
Óleo y magna sobre lienzo, 106,7 x 91,4 cm
Colección privada

LICHTENSTEIN

¿Por qué nos retratamos quietos, cuando solemos estar en movimiento? Para dar sensación de dinamismo, Lichtenstein se retrató con ligeros cambios de posición, como una foto movida. Era un artista pop que utilizaba en sus obras el lenguaje de las viñetas de cómic: trazos negros, colores brillantes y primarios, y las mismas tramas de puntos y rayas que se usan para imprimirlos, pero muy ampliadas.

Este retrato es una versión del cuadro que el pintor futurista Gino Severini realizó en 1912. Haz tu propia versión del autorretrato en movimiento. Dibújate en cuatro posiciones ligeramente diferentes, utilizando cada vez un color distinto: negro, rojo, amarillo y azul.

Sin título (1960), Jean-Michel Basquiat, 1983
Acrílico, carboncillo sobre papel montado en tabla, 91,5 x 61 cm
Colección del artista; Galería Enrico Navarra, París

BASQUIAT

En los años sesenta del siglo pasado, los grafiteros empezaron a estampar su firma, llamada *tag*, en el metro y las calles de Nueva York. Con el tiempo, fueron añadiendo dibujos, frases y hasta autorretratos. Pintaban para protestar y, sobre todo, para dejar constancia de que existían en una sociedad que no los tenía en cuenta. Basquiat comenzó haciendo grafitis con un amigo, usando el *tag* SAMO. Muy pronto, su arte, espontáneo, colorido y rebelde, abandonó las calles para ser expuesto en las mejores galerías y museos.

¡Pinta tu retrato como un grafitero y estampa tu «tag» para que todo el mundo sepa que lo has hecho tú!

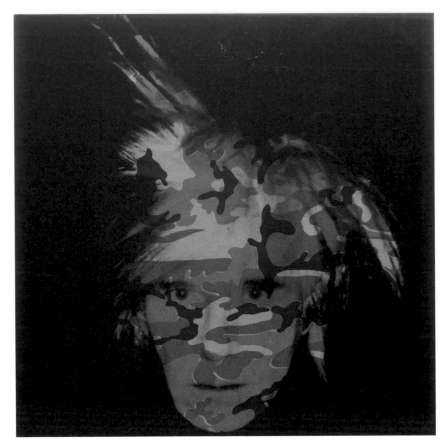

Autorretrato, Andy Warhol, 1986
Acrílico y serigrafía sobre lienzo, 203,2 x 203,2 cm
Metropolitan Museum of Art, Nueva York

WARHOL

Andy Warhol conocía la importancia de la imagen y fue el primer artista que utilizó la suya para promocionarse. ¡Se hizo cientos de retratos con excéntricos estilismos para que todo el mundo supiera que era el artista más moderno y popular del momento!

¡Haz tu autorretrato para darte a conocer como un artista rompedor!
Recorta la lámina que encontrarás en la página 45 y úsala para imprimir o para hacer una fotocopia de una foto en blanco y negro de tu cara. ¡No te olvides de posar con un «look» realmente extravagante! Después, pégala en la página de la derecha.

Autorretrato, Vik Muniz, 2003
Collage, 254 x 182,8 cm
Colección privada

MUNIZ

Las imágenes y los retratos de otras personas que vemos día tras día y a todas horas en la televisión, en los periódicos o en las revistas, ya forman parte de nuestra vida. Para hacer su autorretrato, Muniz utilizó trocitos de otros retratos que aparecían en revistas.

Dibuja a lápiz la silueta de tu cara y de tus rasgos. Luego, cúbrelos con un mosaico que debes hacer con trocitos de los retratos que encontrarás en las páginas 47 y 48. Puedes utilizar trocitos más o menos grandes o, si tienes mucha paciencia, puedes perforar la lámina con una máquina de hacer agujeros.

CRÉDITOS

Créditos fotográficos
pp. 4-5: Jan van Eyck, *Retrato de Giovanni Arnolfini y su esposa*, 1434 © Iberfoto. **p. 6:** Albrecht Dürer, *Autorretrato*, 1498 © M. C. Esteban/Iberfoto. **p. 8:** Rembrandt van Rijn, *Autorretrato con bonete y con la boca abierta*, 1630 © Album / Quintlox. **p. 10:** James McNeill Whistler, *El artista en su estudio*, 1865-1866 © The Bridgeman Art Library. **p. 12-13:** Vincent van Gogh, *Autorretrato con sombrero de paja*, 1887. The Metropolitan Museum of Art, Nueva York. **p. 14:** Kazimir Malévich, *Autorretrato en dos dimensiones*, 1915 © Art Resource, NY. **p. 16-17:** Tamara de Lempicka, *Autorretrato en el Bugatti verde*, 1929 © Tamara Art Heritage, VEGAP, Barcelona, 2015 © Album / akg-images. **p. 18:** Piet Mondrian, *Autorretrato*, 1942 © 2015 Mondrian/Holtzman Trust © Dallas Museum of Art, Foundation for the Arts Collection, gift of the James H. and Lillian Clark. **p. 20:** Frida Kahlo, *Autorretrato con monos*, 1943 © 2015, Banco de México Diego Rivera Frida Kalho Museums Trust, México, D.F. / VEGAP. **p. 22:** Melito (Maurice Miot), *Autorretrato*, 1948 © Melito (Maurice Miot), VEGAP, Barcelona, 2015 © ADAGP. **p. 24:** Pablo Picasso, *Autorretrato*, 1955 © Sucesión Pablo Picasso, VEGAP, Madrid 2015 © The Bridgeman Art Library. **p. 26:** Marcel Duchamp, *Autorretrato de perfil*, 1958 © Succession Marcel Duchamp / VEGAP y ADAGP, Barcelona, 2015 © The Bridgeman Art Library. **p. 28:** René Magritte, *El hijo del hombre*, 1964 © René Magritte, VEGAP, Barcelona, 2015 © ADAGP. **p. 30:** Jean Dubuffet, *Autorretrato II*, 1966 © Jean Dubuffet, VEGAP, Barcelona, 2015 © ADAGP. **p. 32:** Roy Lichtenstein, *Autorretrato*, 1976 © State of Roy Lichtenstein, VEGAP, Barcelona, 2015 © The Bridgeman Art Library. **p. 34:** Jean-Michel Basquiat, *Sin título (1960)*, 1983 © The estate of Jean-Michel Basquiat / ADAGP, Paris 2009 © ADAGP. **p. 36:** Andy Warhol, *Autorretrato*, 1986 © 2015 The Andy Warhol Foundation for the Visual Arts, Inc. / VEGAP © Album / akg-images. **p. 38:** Vik Muniz, *Autorretrato*, 2003 © Vik Muniz, VEGAP, Barcelona, 2015 © The Bridgeman Art Library.

41

42

FLASH

N022

ESPECIAL MODA
INVIERNO EN LA CIUDAD

47

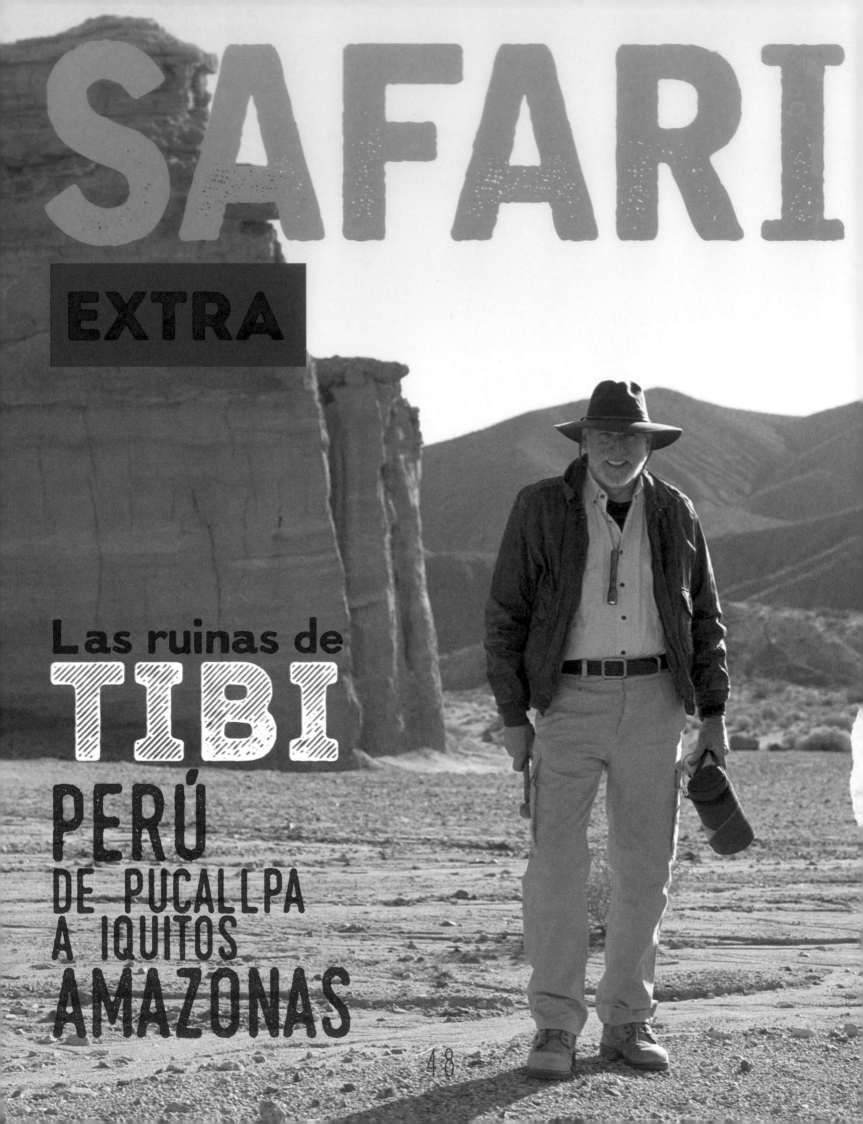

SAFARI

EXTRA

Las ruinas de
TIBI
PERÚ
DE PUCALLPA
A IQUITOS
AMAZONAS

48